Con la colección **Infantil**, desde Vegueta queremos realizar nuestra particular aportación al proyecto universal más apasionante que existe, el de la educación infantil y juvenil. Como una varita mágica, la educación tiene el poder de iluminar sombras y hacer prevalecer la razón, los principios y la solidaridad, impulsando la prosperidad.

**Genios de la Ciencia**, la serie de biografías de científicos e inventores, pretende aproximar a los niños a aquellos grandes personajes cuyo estudio, disciplina y conocimiento han contribuido al desarrollo y a la calidad de vida de nuestra sociedad.

### Guía de lectura

¿Deseas saber más sobre Rosalind Franklin y su época?

Encontrarás citas de la protagonista.

Obtendrás información más detallada.

Textos: **Miguel Vicente**
Ilustraciones: **Maria Padilla**
Diseño: **Sònia Estévez**
Maquetación: **Sara Latorre**

© Vegueta Ediciones
Colección dirigida por **Eva Moll de Alba**
Roger de Llúria, 82, principal 1ª
08009 Barcelona
**www.veguetaediciones.com**

ISBN: 978-84-17137-28-1
Depósito Legal: B 28140-2019
Impreso y encuadernado en España

GENIOS DE LA CIENCIA

# ROSALIND FRANKLIN

## EL SECRETO DE LA VIDA

TEXTOS MIGUEL VICENTE
ILUSTRACIONES MARIA PADILLA

## ¡HOLA!

¿No te has preguntado nunca por qué tienes el pelo rizado como tu madre? ¿O por qué tu padre tiene los ojos del mismo color que los de tu abuelo? ¿No te dicen tus amigos que te pareces mucho a tu hermana?

Pues hay mucha gente que sí, gente muy curiosa, como Rosalind Franklin, una de las investigadoras que en un tiempo complicado para las mujeres, a las que no se les dejaba trabajar ni estudiar, se empeñó en averiguar las respuestas a estas preguntas y no paró hasta descubrir... ¡el secreto de la vida!

Ya, ya... Que tú también quieres saber cuál es...

Pues este misterio se esconde en una especie de escalera de caracol. Se llama ADN, y contiene las instrucciones necesarias para que un organismo pueda desarrollarse, vivir y reproducirse. Estas instrucciones se encuentran en los genes de nuestras células y se transmiten de padres a hijos.

¿Cómo podemos saberlo? ¿Cómo podemos mirar en el interior de nuestro cuerpo? Sé curioso, como la protagonista de esta historia, y verás cómo Rosalind contribuyó a ese descubrimiento que ha sido esencial para conocer la información genética de los seres vivos y muy útil, además, para averiguar las causas de muchas enfermedades.

### El ADN

El ADN o ácido desoxirribonucleico es una molécula que se encuentra en el núcleo de las células, y es la que contiene y transmite la información genética de los seres vivos de una generación a la siguiente.

### El gen

Es la unidad de almacenamiento de información del organismo que se transmite a la descendencia mediante los cromosomas. En ocasiones los genes también mutan. Estas mutaciones son responsables, en parte, de la diversidad biológica y de la evolución de las especies.

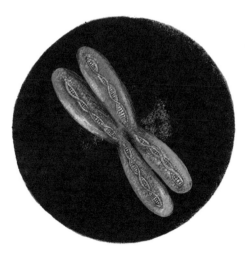

Cuando Rosalind nació, en 1920, sus padres vivían en Notting Hill, un barrio de Londres donde también residían varios de sus familiares, como su tía «Mamie». Era una familia de clase media, acomodada, que vivía según las tradiciones del pueblo judío.

Desde muy pequeña, Rosalind se interesaba por todo lo que ocurría a su alrededor y preguntaba a sus padres, Muriel y Ellis, el «porqué» de todo lo que no alcanzaba a comprender. Tanto era así que a veces ni ellos eran capaces de resolver sus dudas, como cierto día en que se le ocurrió preguntarle a su madre: «Mamá, ¿cómo sabemos que Dios no es una chica?». Esa capacidad de observación y de aprendizaje no pasó desapercibida para su familia, que enseguida se percató de que la pequeña era extremadamente inteligente. Aunque, por supuesto, no podían imaginarse que aquella niña curiosa y preguntona acabaría descubriendo el secreto mejor guardado de la naturaleza: ¡el secreto de la vida!

Además de las comodidades económicas, Rosalind tuvo la suerte de nacer en una familia liberal y culta que se preocupó por dar la mejor educación posible no sólo a sus hijos, sino también a sus hijas, algo que no era muy habitual en aquella época.

Su padre, de hecho, sostenía que una buena formación era la base del desarrollo de la sociedad, y cuando acababa de trabajar en el banco daba clases a adultos sin recursos que no habían tenido las mismas oportunidades que ellos.

No era raro que en su casa se hablase de política. En un momento en el que aún se cuestionaba el papel de la mujer en la sociedad y en el mundo laboral, Rosalind encontró un modelo a seguir en su tía Mamie, una mujer fuerte y valiente que luchó para que las mujeres obtuvieran el derecho al voto. Ella y su sobrina acabaron formando parte de organizaciones sindicalistas y del Movimiento Sufragista.

**Sufragismo**

Es el movimiento político que surgió a finales del siglo XIX para reivindicar el derecho a votar de las mujeres. Que las mujeres también pudieran decidir quién debe gobernar fue un primer paso hacia la igualdad entre hombres y mujeres.

**Sindicalismo**

Los sindicatos son organizaciones que reúnen a los trabajadores para defender sus intereses ante los empleadores y los gobiernos.

Q «Creo que es perfectamente posible tener fe en este mundo sin tener fe en el otro mundo».

## Sabbat

El Sabbat, en la religión judía, comienza la noche del viernes y dura hasta la del sábado. Según las prescripciones de la Torá, el texto que contiene las leyes judías, ese día está prohibido realizar cualquier esfuerzo o trabajo.

Pero lo que más le gustaba a la pequeña Rosalind eran las matemáticas.

«¡Rosalind es un genio! —decía su tía—. Se pasa el día haciendo cálculos, por gusto, ¡y jamás falla un resultado!».

Además era una gran deportista. El críquet y el *hockey* sobre hierba se le daban de maravilla. Sin embargo, Rosalind enfermaba a menudo, de modo que, cuando cumplió nueve años, sus padres la mandaron a un internado cerca del mar. Se suponía que allí la brisa marina la fortalecería, aunque a ella no le hizo ninguna gracia separarse de su familia. ¡Y para colmo era un colegio «de señoritas»!

Por suerte, dos años después, sus padres decidieron que ya estaba suficientemente sana y volvió a casa. En Londres, le esperaba otra sorpresa: la habían apuntado a otro colegio para niñas, el Saint Paul's. Ya estaba a punto de protestar cuando su padre le explicó que en aquel colegio impartían clases de Física y Química. Y no sólo eso, ¡allí también podría jugar al críquet incluso los sábados, algo que no estaba permitido en la tradición judía!

Rosalind estaba encantada. Y no era para menos. A pesar de que ahora nos resulte insólito, no hacía tanto que las mujeres no podían estudiar lo que quisieran, aunque estuviesen más que capacitadas para ello. ¡Y no digamos trabajar en algo que desearan!

Ella era una privilegiada. En el Saint Paul's estudiaría ciencias, latín, alemán y francés.

Pero, aunque en el colegio hizo buenas amigas, lo que no lograba era caer bien a los profesores, pues era demasiado reservada y algo tímida.

¡No se puede ser bueno en todo!

«¿Tendrá algún problema en la garganta? ¿O será que no oye bien?», le preguntaba desesperado su profesor de música, nada menos que el compositor Gustav Holst, a la madre de Rosalind. Años más tarde, tras haber visto el ballet *El lago de los cisnes*, Rosalind admitiría que le había gustado ver la danza, pero no la música. Puede que entendiese mejor el espacio que la armonía.

**Gustav Holst
(1874-1934)**

Reconocido compositor, Gustav Holst fue además profesor en el colegio Saint Paul's. Su composición más conocida es *Los planetas*, un conjunto de movimientos musicales que aluden a los planetas del sistema solar.

Como el resto de sus notas eran muy buenas, Rosalind obtuvo una beca para la universidad. A pesar de la oposición de su padre, que creía que debía ceder el dinero a algún estudiante refugiado que la mereciera, acabó matriculándose en la facultad de Química de Cambridge. «Estudiaré ciencias, pero Física o Química, la Biología es más para los médicos», decía.

Ya había decidido ser científica, pero, antes se permitió el lujo de pasar seis meses de vacaciones cerca de París para disfrutar de la cultura francesa y perfeccionar el idioma. Le encantaba todo lo relacionado con Francia, aunque no entendía que a aquella gente tan refinada no le gustasen las chocolatinas de menta que tanto disfrutaban los ingleses.

## Universidad de Cambridge

Fundada en 1209, es, después de Oxford, la segunda más antigua de Inglaterra y está considerada en la actualidad la mejor del Reino Unido. Entre sus profesores estuvo Isaac Newton.

## Las mujeres y la educación

Durante gran parte de la historia, las mujeres debían dedicarse a las tareas domésticas y al cuidado de la familia y no podían acceder a una educación superior. A mediados del siglo XX comenzó a cambiar, en los países más avanzados, esta situación tan injusta.

**Espectroscopia**

Esta técnica estudia las radiaciones electromagnéticas que emite la materia y que revelan información muy valiosa sobre su estructura y sus componentes. Parece ser que Isaac Newton fue el primero en aplicar la palabra espectro para describir el arcoíris de colores en que se descompone la luz blanca al pasar a través de un prisma.

Con sólo dos residencias femeninas en todo Cambridge, haber llegado hasta allí era un gran éxito. Además, por fin podía dedicar todo su tiempo a lo que más le gustaba: la ciencia.

La universidad contaba con avanzados laboratorios científicos. Allí aprendió muchas cosas que luego serían fundamentales en su carrera, como la espectroscopia. Y es que estudiando las radiaciones que emiten los cuerpos se pueden saber muchas cosas de ellos sin ni siquiera tocarlos.

Lamentablemente, cuando sólo llevaba un año en Cambridge estalló la Segunda Guerra Mundial. «De lejos vi caer un avión dando vueltas, menos mal que el piloto saltó en paracaídas», escribió a su familia. A pesar de todo, continuó con sus estudios. Sin embargo, su nota final no fue la ansiada matrícula de honor. «Creo que como científica es excelente, se esfuerza en lo que le gusta, pero no tanto en lo demás, por eso su calificación general no es tan alta», dijo su tutor. Incluso así, obtuvo una beca que le proporcionó sus primeros fondos para investigar.

Ese mismo año conoció a Adrienne Weill, una profesora de física judía que con la que trabó una gran amistad. Discípula de Marie Curie, había escapado de la ocupación alemana de Francia refugiándose con su hija en Inglaterra. Con ella podía conversar en francés y recordar las vacaciones pasadas en Francia. Aquella amistad duraría toda la vida.

Rosalind había concluido sus estudios con buenas notas, pero, al contrario que los chicos de la universidad, no tenía derecho a ningún título. ¡Era como si sólo hubiera estudiado por amor al arte! Tuvo que esperar seis años para que la universidad empezara a reconocer a las mujeres como licenciadas.

## Ocupación de Francia (1940-1944)

Al comenzar la Segunda Guerra Mundial, Francia fue invadida por el Ejército alemán. Igual que en el resto de los países ocupados, se persiguió a los ciudadanos pertenecientes al pueblo judío.

## Marie Curie (1867-1934)

Fue una científica polaca que vivió casi toda su vida en Francia. Descubrió dos nuevos elementos químicos, el polonio y el radio, y realizó investigaciones pioneras sobre la radioactividad del uranio. Fue la primera mujer en ganar el Premio Nobel y la primera persona en ganarlo por partida doble: en Física y en Química.

**Premios Nobel**

Creados por Alfred Nobel con los beneficios que obtuvo de inventar la pólvora, se consideran el mayor reconocimiento en los campos de las ciencias y la literatura. Los concede cada año la Academia Sueca.

Le asignaron un puesto de investigadora en el laboratorio de Ronald Norrish, un prestigioso científico y futuro Premio Nobel, que, sin embargo, no se portó nada bien con ella. «Me fastidia ese profesor y los hombres del laboratorio me caen mal, me ignoran», decía.

Para colmo, el tema de la investigación no le interesaba nada, pues ella quería «estudiar algo que nos sirva para vencer en la guerra, y no esto que no puede ayudarnos».

En verano de 1945 se enteró por la radio de que dos bombas atómicas habían explotado sobre las ciudades japonesas de Hiroshima y Nagasaki. Las terroríficas explosiones que tanto daño causaron forzaron la rendición de Japón. Al fin, la guerra había acabado.

Tras leer su tesis doctoral se fue de vacaciones a Francia para descansar.

—A lo mejor podría venir a Francia a trabajar… —le dijo un día a Adrienne, con la que seguía manteniendo contacto.

—Mira, en ese congreso al que vas a ir en Londres intervendrán dos investigadores franceses que pueden orientarte —le respondió ella.

Dicho y hecho, uno de aquellos dos científicos le consiguió un contrato como investigadora en un laboratorio de París. No pudo llevarse su máquina de coser para hacerse ropa, pero sí toda la ilusión de poder investigar con pocos medios pero con entera libertad.

## La Segunda Guerra Mundial (1939-1945)

Los protagonistas de la Segunda Guerra Mundial fueron, por un lado, las potencias del Eje (Alemania, Japón e Italia) y por otro, las fuerzas aliadas (Francia, Reino Unido, Rusia y Estados Unidos). Fue la guerra con más víctimas de la historia, unos 70 millones. Comenzó con la invasión de Polonia por parte de Alemania en 1939.

## Cristalografía de rayos X

**Procedimiento con el que los expertos pueden recomponer la estructura tridimensional de las moléculas. La molécula es una agrupación de átomos que constituye la porción más pequeña de una sustancia pura y conserva todas sus propiedades.**

Rosalind pasó cuatro años felices en París, porque pese a las penurias de la posguerra allí podía disfrutar de un ambiente de libertad. La comida, la ropa, el calzado y la leña para calentar su habitación escaseaban. Aunque, tras una larga gestión con la aduana, consiguió por fin traer su máquina de coser.

Para completar lo que había investigado aprendió una técnica que no conocía, la cristalografía de rayos X.

Además de trabajar, en París descubrió lo que era la vida para una joven independiente dispuesta a defender sus ideas en un momento en el que a las mujeres aún no se les reconocía públicamente su valía.

La fama de sus investigaciones había llegado hasta su tierra natal, y le propusieron aplicar lo que sabía sobre los rayos X para estudiar la estructura de las moléculas de los seres vivos. Ella adoraba París, de hecho, siempre había dicho: «Prefiero Europa y a los europeos que Inglaterra y a los ingleses». Sin embargo, como su familia y sus amigos de juventud estaban en Londres, decidió regresar, de modo que aceptó el trabajo para estudiar el ADN.

En el nuevo laboratorio, la discriminación de las mujeres era tal que no se les permitía entrar a la sala donde los hombres se reunían para tomar café, comer y conversar. Era tan raro ver a una mujer por allí que Maurice Wilkins, uno de sus compañeros, creyó que Rosalind iba a ser su ayudante, pero ella no había vuelto a Londres para eso. «El profesor Randall me ha pedido que trabaje en descifrar la estructura del ADN con la ayuda de los rayos X y es lo que voy a hacer sin recibir órdenes de otros», pensaba para sus adentros. No parecía una situación fácil de resolver, y la convivencia en el laboratorio fue un absoluto desastre. ¡Se gastaban unas bromas de lo más desagradables!

**Maurice Wilkins**

Fue un físico y biólogo nacido en Nueva Zelanda que participó en el proyecto de la bomba atómica durante la Segunda Guerra Mundial. Su contribución al desarrollo del modelo de la configuración molecular del ADN le valió el Premio Nobel de Medicina en 1962, junto a James Watson y Francis Crick.

## Célula y genoma

El cuerpo está formado por células. Casi todas ellas contienen un genoma, que es como un manual de instrucciones sobre nuestro cuerpo. Ese genoma lo recibimos de nuestros progenitores y se organiza en cromosomas. Los veintitrés pares de cromosomas que contienen la información de los humanos se denominan ADN.

## La doble hélice

La molécula del ADN consiste en una doble cadena que se dobla en una hélice, como una escalera de caracol. Cada cadena está compuesta de una columna y de cuatro bases químicas, que son como las instrucciones que guían la formación y la duplicación de la célula.

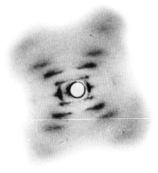

Para entonces, ya se sabía que los seres vivos poseen un genoma, que es como un manual con las instrucciones que dicen cómo es nuestro cuerpo: el color de nuestros ojos, los rasgos de la cara… El genoma lo recibimos de nuestros progenitores, de nuestros padres, así que esas características las heredamos de ellos. Muchos científicos estaban deseando descubrir la estructura de ese ADN, y se esforzaban por conseguirlo antes que los demás.

En Cambridge, otro equipo también quería ser el primero. Pero Rosalind llevaba algo de ventaja porque había aprendido la técnica de rayos X en París. Utilizando sus conocimientos, obtuvo una imagen de una molécula de ADN a la que llamó «foto 51». Esa foto demostraba que ¡la molécula tenía forma de hélice! Era un descubrimiento importantísimo.

Aun así, quedaba mucho por hacer antes de cantar victoria, y ella era muy meticulosa. De modo que escribió un artículo con su descubrimiento para *Nature*, la revista científica más importante por entonces. Lo que no se podía imaginar era que el antipático Wilkins le iba a enseñar su foto al otro equipo.

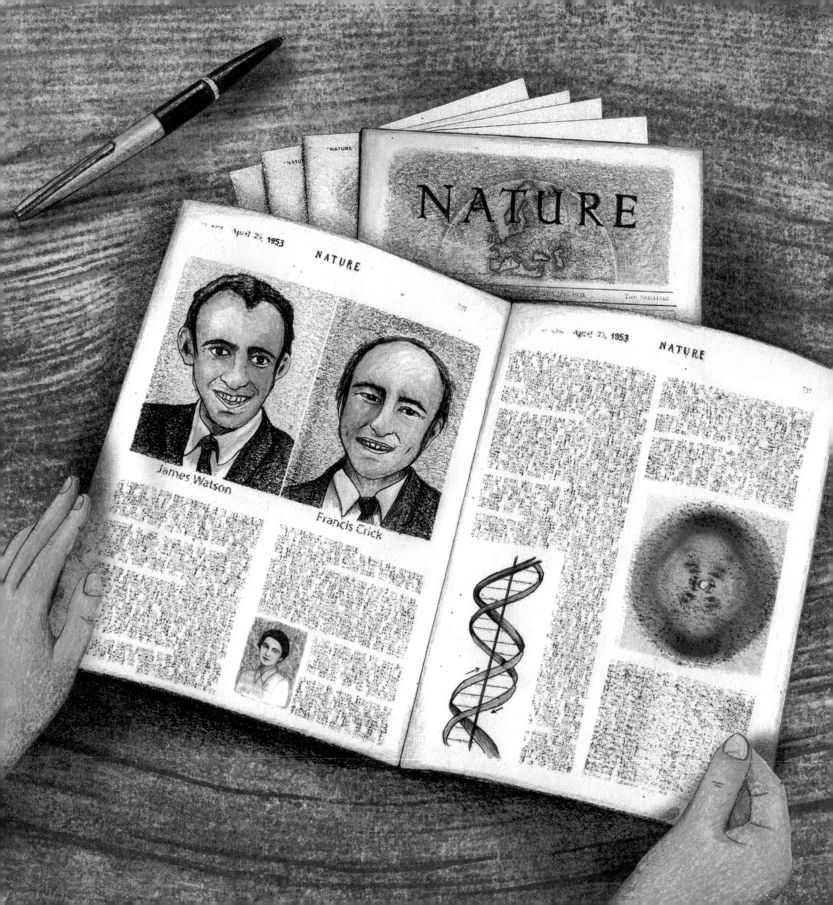

Apenas vio la foto, el científico James Watson descubrió la estructura del ADN y también averiguó por qué la información se transmitía sin cambios de padres a hijos. Así que se fue a toda prisa a contárselo a su jefe, Francis Crick, mientras se tomaban una cerveza en su pub favorito. «¡Hemos descubierto el secreto de la vida!», gritó desde la puerta.

«Esa foto no es nuestra —debieron de pensar James y Francis—. Pero, bah, seguro que a ella no le importa. Además, es una chica muy borde y a mí me la ha enseñado Wilkins, que es su colega». Querían ser los primeros en publicar en *Nature* su descubrimiento, así que lo escribieron a toda prisa, excluyendo a Rosalind del artículo más importante que la revista publicó en todo el siglo XX. Apareció, claro, la foto 51, pero sólo como un apoyo al modelo de James Watson y Francis Crick.

**James Watson**

Este biólogo molecular, zoólogo y genetista estadounidense ganó el Premio Nobel de Medicina junto a Francis Crick y Maurice Wilkins por su trabajo sobre los ácidos nucleicos. Más tarde publicó el libro *La doble hélice*, donde narraba su versión de la historia del descubrimiento de la estructura del ADN y no dejaba a Rosalind Franklin en un buen lugar.

**Francis Crick**

Fue un físico, biólogo molecular y neurocientífico británico. Trabajó junto a Watson en la Universidad de Cambridge y compartió con él y con Maurice Wilkins el Premio Nobel de Medicina en 1962.

### Virus de la patata

Todos los seres vivos pueden crecer y multiplicarse por ellos mismos. Los virus sólo son capaces de hacerlo si infectan las células de otro organismo. En el virus de la patata la información genética reside en el ARN y no en el ADN, al contrario que en las células humanas.

Rosalind recibió una carta del jefe del laboratorio en la que le pedían que se fuese a trabajar a otro lugar y que, por supuesto, no se llevara los resultados de sus investigaciones. Ella se sintió aliviada de marcharse de un sitio donde no habían apreciado su trabajo y pocos la habían aceptado como compañera y menos como amiga.

Comenzó entonces a trabajar en otro laboratorio investigando la estructura de un virus que infecta a las plantas de tabaco.

Esta investigación le salió muy bien porque consiguió averiguar cómo funcionaba antes que Watson. Después construyó una maqueta a gran escala que se exhibió en 1958 en la Exposición Universal de Bruselas. Su modelo hizo compañía al Atomium, el famoso símbolo de esa exposición.

Pese al éxito de su nuevo trabajo no todo le resultaba fácil: ni contaba con mucho presupuesto ni estaba libre de rivales. Pero por sus brillantes resultados la invitaron a dar conferencias en muchos lugares, donde contactó con algunos inversores estadounidenses que le permitieron seguir investigando.

«La ciencia y la vida cotidiana no pueden ni deben estar separadas».

## Cáncer

Las células del cuerpo están en su mayor parte programadas para no crecer más cuando somos adultos. Pero si alguna se multiplica de forma anormal, se produce un tumor. Esa enfermedad es el cáncer, pero como cada célula tiene propiedades distintas hay muchos tipos de cáncer diferentes.

En uno de esos viajes a Estados Unidos sintió unos dolores a los que no hizo caso hasta volver a Londres. Tenía un cáncer de ovario. Rosalind murió a los 37 años, sin poder ver en Bruselas el modelo del virus de la planta de tabaco.

La historia ha demostrado que Rosalind Franklin, una mujer muy inteligente, tenía un comportamiento recto, algo inflexible, y puede que fuese poco comunicativa con quienes no eran sus amigos. También ha probado que era una trabajadora infatigable, una investigadora brillante y una científica excelente, tanto que su contribución resultó imprescindible para conocer la estructura del ADN. Eso fue, como el mismo James Watson dijo, descubrir «el secreto de la vida».

Pero aún quedan muchos otros secretos por descubrir, sólo hace falta ser curioso, valeroso y tenaz, y tal vez un poquito de suerte. ¿Quieres ser tú quien los descubra?

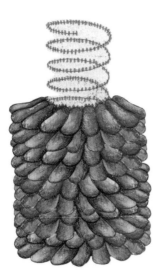

# La protagonista

## 1920

Rosalind Elsie Franklin nace en el barrio de Notting Hill, en Londres, en el seno de una familia judía acomodada. Es la segunda de cinco hermanos y crece en un hogar culto, solidario y liberal.

## 1926

Rosalind acude a su primer colegio, el Norland Place. Allí destaca en todas las materias y también en los deportes, sobre todo en críquet y *hockey*. Pero lo que le apasiona de verdad son las ciencias.

## 1938

Se matricula en Química en la Universidad de Cambridge. Tras licenciarse, durante la Segunda Guerra Mundial investiga sobre el carbón y sus usos.

# Otros genios de la ciencia

## 355—415

**Hipatia**
La gran maestra de Alejandría

## 1643—1727

**Isaac Newton**
El poder de la gravedad

## 1815—1852

**Ada Lovelace**
La primera programadora de la historia

## 1856—1943

**Nikola Tesla**
El mago de la electricidad

**1950**

Recibe una beca de investigación en el King's College de Londres, donde trabaja en la estructura molecular del ADN. Las excelentes imágenes que Rosalind obtiene de las fibras de ADN son determinantes para que Watson y Crick elaboraran en 1953 su famoso modelo de doble hélice de la molécula.

**1953**

Watson y Crick mencionan muy brevemente a Rosalind, en una nota al pie, en la revista científica *Nature*, en la que publican como hallazgo propio la estructura de la doble hélice del ADN.

**1958**

A Rosalind le detectan un cáncer y fallece al año siguiente, en 1958. Watson, Crick y Wilkins reciben en 1962 el Premio Nobel de Medicina por su trabajo sobre los ácidos nucleicos y, con el tiempo, Watson reconocerá lo determinante que había resultado el trabajo de Franklin para su descubrimiento.

**1867—1934**

**Marie Curie**
El coraje de una científica

**1910—1997**

**Jacques Cousteau**
El descubridor de los mares

**1920—1958**

**Rosalind Franklin**
El secreto de la vida

**1942—2018**

**Stephen Hawking**
La estrella más brillante de la ciencia

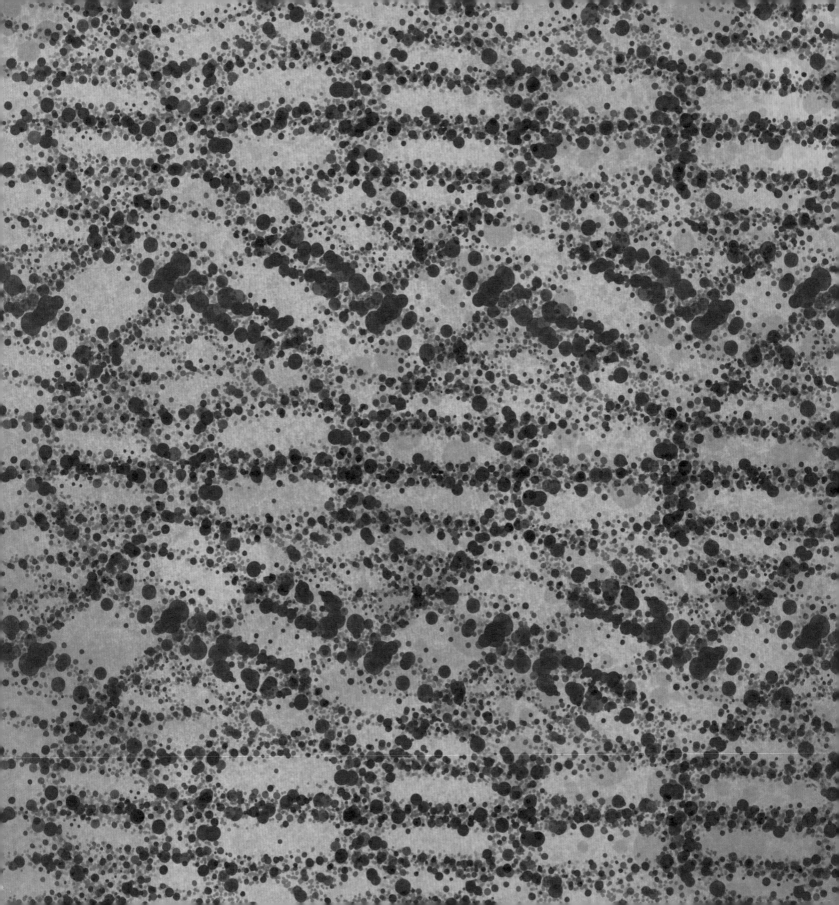